2.

J'ai donné le numéro I au musée Balzac 47, rue Raynouard le jour de l'inauguration. 16 juillet 1910. L. Duhamel-Surville de Balzac

la plus amie, d'offensif, il se trouvait mal à l'aise. Les deux dames parlèrent d'abord de peinture, car les femmes ont toujours une merveilleuse entente de ces sortes de difficultés, en interrogeant le jeune homme sur les procédés matériels de son art, sur ses études, elles surent l'enhardir à causer, et, ces riens indéfinissables de la conversation, animés par la bienveillance, mènent tout naturellement à des remarques, à des réflexions qui peignent la nature des mœurs intimes, l'âme, les sentimens.

La vieille dame avait dû être admirablement belle, mais de secrets chagrins, le malheur sans doute, ayant ridé, flétri son visage avant le temps, il ne lui restait plus que les traits saillans, les contours, le squelette de la physionomie dont l'ensemble indiquait une grande délicatesse d'organe, une étonnante finesse de peau, beaucoup de grâces dans le jeu des yeux, et je ne sais quoi qui distinguait les femmes de l'ancienne cour; mais l'ensemble de ces traits si fins, si déliés, pouvait tout aussi bien dénoter le génie de l'intrigue, et faire supposer l'astuce et la ruse féminines. En effet, le visage de la femme a cela d'embarrassant pour les observateurs vulgaires, que la différence entre la franchise et la duplicité, entre le génie de l'intrigue et le génie du cœur, y est imperceptible. Il faut deviner ces nuances insaisissables: c'est tantôt une ligne plus ou moins courbe, une fossette plus ou moins creuse, une saillie plus ou moins bombée ou proéminente, et l'appréciation de ces diagnostics est tout entière dans le domaine de la vue; les yeux seuls peuvent deviner, et toute la sagacité, tout l'esprit de l'observateur gît dans son coup-d'œil.

Donc, il en était du visage de cette vieille dame comme de l'appartement qu'elle habitait; il était aussi difficile de savoir si cette misère cachait des vices ou une haute probité, que de connaître si la mère d'Adélaïde était une ancienne coquette habituée à tout peser, à tout calculer, à tout vendre, ou une femme aimante, faible, pleine de grâce et de délicatesse.

A l'âge de Jules Schinner, le premier mouvement du cœur est de croire au bien; aussi, en contemplant le front noble et presque dédaigneux d'Adélaïde, en regardant ses yeux pleins d'âme et de pensées, il respira, pour ainsi dire, le suave et modeste parfum de la vertu.

Au milieu de la conversation, il saisit l'occasion de parler des portraits; et, se levant pour examiner l'effroyable pastel dont toutes les teintes avaient pâli, dont la poussière avait coulé, il dit:

— Vous devez tenir à ceci en faveur de la ressemblance, mesdames, car le dessin en est horrible...

— Cela est vrai!... dit Adélaïde.

— Ce portrait a été fait à Calcutta... répondit la mère d'une voix émue.

Elle regardait le portrait avec cet abandon profond que donnent les souvenirs de bonheur quand ils se réveillent tous, soudain, et qu'ils tombent sur le cœur comme une bienfaisante rosée, aux douces et fraîches impressions de laquelle on s'abandonne; mais il y avait aussi dans l'expression du visage de la vieille dame les crêpes d'un deuil éternel, ou du moins ce fut ainsi que le peintre comprit l'attitude et la physionomie de sa voisine.

Alors, il vint à elle, s'assit, et lui dit d'une voix douce et amie:

5

— Madame, encore un peu de temps, et les couleurs de ce pastel auront disparu. — Le portrait n'existera plus que dans votre mémoire, et là où vous verrez une figure qui vous est chère, les autres ne pourront rien voir... Voulez-vous me permettre de transporter cette ressemblance sur la toile? les couleurs y seront plus solidement fixées que sur le papier... Accordez-moi, en faveur de notre voisinage, le plaisir de vous rendre ce service... Il y a des heures pendant lesquelles nous aimons, nous autres artistes, à nous délasser de nos compositions par des travaux d'une portée moins élevée... Ce sera pour moi une distraction que de refaire cette tête...

La vieille dame tressaillit en entendant ces paroles, et Adélaïde jeta sur le peintre, mais à la dérobée, un de ces regards recueillis qui semblent être un jet de l'âme. Rien de plus fin que le cœur. Jules voulait s'attacher à ses deux voisines par quelque lien, et pouvoir conquérir le droit de se mêler à leur vie; son offre, en s'adressant aux plus vives affections, était la seule qu'il fût possible de faire: elle contentait sa fierté d'artiste, et ne devait pas blesser les deux dames.

6

Madame Leseigneur accepta.

— Il me semble, dit Jules, que cet uniforme est celui d'un officier de marine?...

— Oui, dit-elle, c'est celui de capitaine de vaisseau. — M. de Rouville, mon mari, est mort à Batavia des suites d'une blessure reçue dans un combat contre un vaisseau anglais qui le rencontra sur les côtes d'Asie... Il montait une frégate de soixante canons, et le *Revenge* était un vaisseau de quatre-vingt-seize [redacted] Bonaparte n'avait pas encore le pouvoir [redacted] on me refusa une pension... Lorsque je la sollicitai [redacted] dernièrement, le ministre me dit [redacted] que si le baron de Rouville eût émigré, je l'aurais conservé, qu'il serait aujourd'hui contre-amiral, et il m'a opposé je ne sais quelle loi sur les déchéances... Si j'ai fait cette démarche, c'était pour ma pauvre Adélaïde; puis, des amis m'y pous[redacted]... Quant à moi, j'ai toujours eu horreur d'aller tendre la main au nom d'une douleur qui doit [redacted]... Je n'aime pas cet escompte de la mort, et cette réparation pécuniaire d'un sang irréparablement versé...

— Ma mère [redacted]

avec dureté

avaient

enlever toutes les forces d'une femme.

mon mari

la lutte fut très inégale; mais M. de Rouville [redacted] qu'il [redacted] jusqu'à la nuit, [redacted] pour [redacted] s'échapper. Alors,

[redacted] conversation vous fait toujours mal...

7.

Sur ce mot d'Adélaïde, la baronne de Rouville inclina la tête et garda le silence.

— Monsieur, dit la jeune fille à Jules, je croyais que les peintres faisaient en général peu de bruit; est-ce que vous?...

A ce moment Schinner se prit à rougir, et sourit; mais Adélaïde n'acheva pas, et lui sauva le mensonge d'une réponse, en se levant tout-à-coup en entendant le bruit d'une voiture qui s'arrêtait à la porte.

Adélaïde alla dans sa chambre, revint promptement en tenant deux flambeaux dorés garnis de bougies entamées; elle les alluma promptement, et porta la lampe dans la première pièce où elle attendit un moment. Bientôt la sonnette fut tintée; la jeune fille ouvrit la porte, et le bruit d'un baiser donné, reçu, retentit jusque dans le cœur de Jules. L'impatience que le jeune homme eut de connaître celui qui traitait si familièrement Adélaïde ne fut pas promptement satisfaite, car il se fit entre les arrivant et la jeune fille une conversation à voix basse que Jules trouva bien longue.

Enfin, la jeune fille reparut suivie de

deux personnages dont le costume, la physionomie et l'aspect étaient toute une histoire.

Le premier, homme âgé d'environ soixante ans, portait un de ces habits inventés, je crois, pour Louis XVIII, alors régnant, et dans lesquels le problème vestimental le plus difficile avait été résolu par un tailleur qui devrait être immortel ~~cet homme~~ connaissait, à coup sûr, l'art des transitions, la transition a été tout le génie de cette époque. Donc, cet habit dont il est peu de jeunes gens qui n'aient gardé le souvenir, n'était ni civil ni militaire, et pouvait passer tour à tour pour militaire et pour civil. Des fleurs de lis brodées ornaient les retroussis des deux pans de derrière, les boutons dorés étaient également fleurdelisés, et il y avait sur les épaules deux attentes vides qui espéraient des épaulettes absentes, ces deux ~~signes~~ étaient là comme une pétition sans apostille...

Il est inutile d'ajouter que le pantalon et l'habit étaient bleu de roi, qu'il avait à la boutonnière une croix de Saint-Louis, ~~et que l'homme~~ allait tête nue, portant à la main un chapeau à trois cornes garni de sa ganse d'or, et que ses cheveux étaient poudrés. Du reste, il semblait n'avoir que cinquante ans, paraissait jouir d'une santé robuste, la physionomie, tout en accusant le caractère loyal et franc des vieux

9.

18

émigrés, dénotait aussi les mœurs libertines et faciles, les passions gaies, et l'insouciance de ces mousquetaires si célèbres jadis dans les fastes de la galanterie. Ses gestes, son allure, ses manières, annonçaient qu'il n'avait point encore renoncé aux justes prétentions de son jeune âge, et qu'il était décidé à ne se corriger ni de son royalisme, ni de sa religion, ni de ses amours. Une figure toute fantastique le suivait X

X, et, pour la bien peindre il faudrait en faire l'objet principal du tableau, où elle n'est qu'un accessoire.

Figurez-vous un personnage sec et maigre, vêtu comme le premier, mais n'en étant pour ainsi dire que le reflet, ou l'ombre si vous voulez. L'habit neuf chez l'un se trouvait vieux et flétri chez l'autre; la poudre des cheveux semblait moins blanche chez le second, l'intelligence plus faible, la vie plus avancée vers le terme fatal, les fleurs-de-lis moins éclatantes d'azur, les attentes de l'épaulette plus désespérées, plus recroquevillées que chez le premier. Il réalisait admirablement bien ce mot de Rivarol sur Champcenetz : C'est mon clair de lune... Il n'était que le double de l'autre, et il y avait entre eux toute la différence qui existe entre la première et la dernière épreuve d'une lithographie.

Ce vieillard fut un mystère pour le peintre, et resta constamment un mystère; car il ne parla pas, et personne n'en parla. Était-ce un ami?... un parent pauvre?... un homme qui restait près du vieux galant comme une demoiselle de compagnie près d'une vieille femme? Tenait-il le milieu entre le chien, le perroquet et un ami?... Avait-il sauvé la vie ou la fortune de son bienfaiteur. Était-ce le trim d'un autre capitaine Tobie? ... la curiosité sans jamais la satisfaire.

Le personnage qui paraissait être le plus neuf de ces deux sires s'avança galamment vers la baronne de Rouville, lui baisa la main, et s'assit près d'elle; l'autre la salua, et se mit près de son type à une distance représentée par deux chaises. Adélaïde vint placer ses coudes sur le dossier du fauteuil occupé par le vieux gentilhomme, en s'y posant comme l'est la sœur de Didon dans le célèbre tableau de Guérin.

La familiarité du gentilhomme était celle d'un frère, et il prenait certaines libertés avec Adélaïde qui, pour le moment, parurent déplaire à la jeune fille.

— Eh bien! tu me boudes? dit-il.

Et, tout en causant, il jetait sur Jules Schinner de ces regards obliques, pleins de finesse et de ruse, de ces regards diplomatiques dont l'expression trahit toujours une prudente inquiétude.

— Monsieur, lui dit la vieille dame en lui montrant Jules Schinner, est notre voisin. Un peintre trop célèbre pour que son nom vous soit inconnu, à vous qui n'êtes [illegible]

11.

arts...

Le gentilhomme reconnaissant la malice de sa vieille amie dans l'omission qu'elle faisait du nom, salua le jeune homme.

— Certes! dit-il, et j'ai particulièrement admiré les tableaux au dernier salon... le talent a de beaux priviléges, monsieur; et ce qu'il nous faut acquérir au prix de notre sang et de longs services, vous l'obtenez jeune... mais toutes les gloires sont sœurs...

Et le gentilhomme portait les mains à sa croix de Saint-Louis.

Jules balbutia quelques paroles de remerciement, et rentra dans son silence, se contentant d'admirer avec un enthousiasme croissant la sublime tête de jeune fille dont il était charmé. Bientôt il s'abîma dans cette contemplation, oubliant la misère profonde du logis, ne voyant aucune différence entre ce salon sans fraîcheur et la voûte bleue du ciel; le visage d'Adélaïde se détachait, pour lui, sur une atmosphère lumineuse. Il répondait brièvement aux questions qui lui étaient adressées et qu'il entendait heureusement, grâce à une singu-

vos L l
+ cette distinction

car

12.

lière faculté de notre âme, dont la pensée peut en quelque sorte se dédoubler parfois. A qui n'est-il pas arrivé de rester plongé dans une méditation voluptueuse ou triste, d'en écouter la voix en soi-même, et d'assister à une conversation, à une lecture? Admirable dualisme qui souvent aide à prendre les ennuyeux en patience! Féconds et riant, l'espérance [illegible] lui versa des pensées [illegible], et il n'étudia rien autour de lui [illegible] un cœur enfant et plein de confiance.

Après un certain laps de temps, il s'aperçut que la vieille dame et sa fille jouaient avec le vieux gentilhomme. Quant au satellite de celui-ci, fidèle à son état d'ombre, il se tenait debout derrière son ami; il en regardait le jeu, répondant aux muettes questions que lui faisait le joueur par de petites grimaces approbatives ~~à peu près semblables aux~~ mouvemens interrogateurs de l'autre physionomie.

— Je perds toujours!... disait le gentilhomme.

— Vous écartez mal!...

— Voilà trois mois que je n'ai pas pu vous

gagner une seule partie!...

— Vous avez les as...

— Oui. Encore un marqué!...

— Voulez-vous que je vous conseille? disait Adélaïde.

— Non! non!... Reste devant moi; ce serait trop perdre que de ne pas t'avoir en face!...

Enfin, quelques momens après, le gentilhomme tira sa bourse, et jetant deux pièces d'or sur le tapis, non sans humeur :

— Quarante francs, juste comme de l'or!... Ah! diable! il est onze heures!...

— Il est onze heures!... répéta le personnage muet en regardant Jules Schinner.

Le jeune homme, entendant cette parole un peu plus distinctement que toutes les autres, pensa qu'il était temps de se retirer; et, rentrant dans le monde des idées vulgaires, il trouva quelques lieux communs pour prendre la parole, finit par saluer la baronne, sa fille, les deux inconnus, et sortit.

Jules Schinner, en proie aux premières félicités de l'amour vrai, ne chercha point à s'analyser les petits évènemens qui s'étaient passés sous ses yeux pendant cette soirée. Le lendemain, il éprouva le désir le plus violent de revoir Adélaïde; et, s'il avait écouté la passion qui le poussait, il serait entré chez ses voisines en arrivant à son atelier, dès six heures du matin. Il eut encore assez de raison pour attendre jusqu'à l'après-midi; mais, aussitôt qu'il crut pouvoir se présenter, il descendit, sonna, non sans quelques larges battemens de cœur; et, rougissant comme une jeune fille, il demanda timidement le portrait du baron de Rouville à mademoiselle Leseigneur.

— Mais, entrez!.... lui dit Adélaïde, qui avait entendu Jules descendre de son atelier.

Et le peintre la suivit, honteux, décontenancé, ne sachant rien dire, tant il était stupide de bonheur. Voir Adélaïde, écouter le frissonnement de sa robe, après avoir désiré pendant toute une matinée être près d'elle, après s'être levé cent fois en disant : — Je

le jeune peintre

Jules

se chez Madame de Rouville

qui était venue ouvrir.

Elle

Les Sans doute

15.

descends!... et n'être pas descendu; certes, vous Adélaïde, en entendre la voix, c'était pour Jules un bonheur inouï; le cœur a la singulière puissance de donner un prix extraordinaire à des riens. Quelle joie pour un voyageur de recueillir un brin d'herbe, une feuille inconnue, s'il a risqué sa vie dans cette recherche! Les riens de l'amour sont ainsi!...

La vieille dame n'était pas dans le salon; et, quand la jeune fille s'y trouva seule avec le peintre, qu'elle eut apporté une chaise pour avoir le tableau, elle s'aperçut qu'il fallait mettre le pied sur la commode pour le décrocher; alors, après avoir fait le geste de monter, elle se retourna vers Jules, et lui dit en rougissant:

— Je ne suis pas assez grande... Prenez-le!...

Mais un sentiment de pudeur délicat dont témoignait l'expression de sa physionomie et l'accent de sa voix, était le véritable motif de sa demande. Jules le comprit ainsi, lui jeta un de ces regards intelligens qui sont le plus doux langage de l'amour. Adélaïde vit que le peintre l'avait devinée; elle baissa les yeux par un mouvement de fierté dont les jeunes filles seules ont le secret. Jules prit le

je vous envoie la matière des feuilles 9 et 10 du 3me volume

vous allez recevoir d'ici à midi la ~~nouvelle~~ 11. complète

mettez promptement ces deux feuilles ~~[illegible]~~ ~~ici~~ en page.

---

de plus les bons à tirer de la 16 et de la 17. du même volume.

B

si la 1re du ~~même~~ même volume est recomposée envoyez m'en l'épreuve ainsi que la nouvelle épreuve de la 8.

B

16.

tableau, l'examina gravement en le mettant au jour près de la fenêtre, et s'en alla sans dire autre chose à mademoiselle Leseigneur que : « Je vous le rendrai bientôt. »

Tous deux avaient, pendant cet instant rapide, ressenti l'une de ces commotions vives dont l'effet dans l'âme peut se comparer à celui que produit une pierre jetée au fond d'un lac. Les réflexions les plus douces naissent et se succèdent, indéfinissables, multipliées, sans but, agitant le cœur comme les rides circulaires qui plissent long-temps l'onde, en partant du point où la pierre est tombée.

Jules Schinner revint dans son atelier armé de ce portrait, et il est inutile de dire que déjà le chevalet avait été garni d'une toile, quelle palette était déjà chargée, les pinceaux nettoyés, la place et le jour choisis... Aussi, jusqu'à l'heure de dîner, il travailla au portrait avec cette ardeur que les artistes mettent à tout ce qui est caprice. Or, cette toile était tout à la fois une fantaisie et un bonheur d'amour. Le soir, il revint chez la baronne de Rouville, y resta depuis neuf heures jusqu'à onze; et, sauf le sujet de la conversation, cette soirée ressembla fort exactement à la précédente. Les deux vieillards vinrent à la même heure; la partie de piquet eut lieu, les mêmes phrases furent dites par les joueurs; la somme perdue par le gentilhomme ami d'Adélaïde fut aussi considérable que celle perdue la veille; seulement Jules, un peu plus hardi, osa causer avec Adélaïde.

Huit jours se passèrent ainsi, pendant lesquels les sentimens du peintre et ceux de la jeune fille subirent ces délicieuses et douces transformations qui amènent les âmes à une parfaite entente. De jour en jour, le regard par lequel Adélaïde accueillait était devenu plus intime, plus confiant, plus gai, plus franc; sa voix, ses manières furent quelque chose de plus affectueux, de plus familier. Tous deux riaient, causaient, se communiquaient leurs pensées, parlaient d'eux-mêmes avec la naïveté de deux enfans qui, dans l'espace d'une journée, ont fait connaissance de trois ans. Jules jouait au piquet; et, comme le vieillard perdait presque toutes les parties, ignorant que novice, il faisait naturellement école sur école. Sans s'être confié leur amour, les deux amans savaient qu'ils s'appartenaient l'un à l'autre. Jules avait exercé son pouvoir avec bonheur, et bien des concessions lui [illegible] faites par Adélaïde craintive, dévouée, et, dupe de ces fausses bouderies dont l'amant, [illegible] la jeune fille plus naïve, possèdent les secrets et dont ils abusent, comme les enfans gâtés [illegible] la puissance que leur donne l'amour de leur mère. Ainsi, toute familiarité avait cessé entre le vieillard et Adélaïde. La jeune fille avait merveilleusement compris les tristesses du peintre et toutes les pensées cachées dans les plis de son front, dans l'accent brusque ~~des pensées qu'il [illegible]~~ alors que le vieillard baisait sans façon les mains, le col d'Adélaïde.

De son côté mademoiselle Leseigneur demandait ~~au peintre~~ un compte sévère [illegible] ~~moindres actions~~; elle [illegible] si malheureuse, si ~~inquiète le soir où il ne vint pas que Jules~~ cessa de voir ses amis et d'aller dans le monde. Adélaïde laissa percer la jalousie naturelle aux femmes en apprenant que parfois, en sortant de chez madame de Rouville, à onze heures, Jules faisait des visites et parcourait les salons les plus brillans de Paris. D'abord, elle prétendit que [illegible] vie était mauvaise pour la santé; puis, elle trouva moyen de lui dire avec cette conviction profonde à laquelle [illegible]ccent, le geste et le regard [illegible]

19.

~~[illegible]~~ une personne aimée qu'un homme obligé de partager entre tant de femmes les grâces de son esprit et son temps, ne pouvait pas être l'objet d'une affection bien vive. Enfin, jamais amour ne fut plus pur et plus puriste de part et d'autre, une même ardeur, une même délicatesse, faisaient ~~que les progrès~~ de cette passion ~~n'exigeait point de~~ sacrifice; un penchant involontaire rendait l'union de leurs âmes plus étroite, et vingt jours après l'accident auquel Jules avait dû le bonheur de connaître Adélaïde, leur vie était devenue une même vie. Dès le matin, la jeune fille entendait le pas du peintre, et pouvait se dire: — Il est là. — Quand Jules retournait chez sa mère à l'heure du dîner, il ne manquait jamais saluer ses voisines, et, le soir, il accourait à l'heure accoutumée avec une ponctualité d'amant. La femme la plus tyrannique et la plus ambitieuse en amour, n'aurait ~~pas~~ pu faire le plus léger reproche au jeune peintre. Aussi, Adélaïde savourait un bonheur sans nuages et sans bornes, voyant l'idéal qu'il est si naturel de ~~voir~~ à son âge réalisé dans toute son étendue ~~rendait à [illegible] félicité qu'elle en recevait~~. Le vieux gentilhomme venait moins souvent, et Jules en prenant sa place au tapis vert, avait le plai-

Le progrès de ce sentiment ~~[illegible]~~ pur, ~~[illegible]~~ vrai fut si rapide, que

Alors Jules fut amené ~~pas~~ autant par le despotisme de la passion que par ~~[illegible]~~ les exigences involontaires d'une jeune fille amoureuse, à ne vivre que dans ce petit appartement ~~où il finissait~~ où tout lui plaisait

d'être, donnant tant de pouvoir

vierges ~~[illegible]~~ sans ~~[illegible]~~ de cœur ~~[illegible]~~ par lesquels beaucoup de gens cherchent à se prouver leur amour. Entre eux, il y avait un échange continuel de sensations d'amour, et ils ne savaient qui donnait ou qui recevait le plus:

rêver

sir de perdre tout autant d'argent; parfois, en songeant à la situation de madame de Rouville, car il avait acquis plus d'une preuve de sa détresse, il ne pouvait chasser une pensée importune; et, en s'en allant, il s'était dit déjà :

— Mais vingt francs tous les soirs!...

Jules employa tout un mois à faire le portrait; quand il fut fini, verni, encadré, il le regarda comme un de ses meilleurs ouvrages. Madame la baronne de Rouville ne lui en avait plus parlé. — Était-ce insouciance ou fierté? le peintre ne voulut pas s'expliquer ce silence. Il complotta joyeusement avec Adelaïde de mettre le portrait à sa place, en l'absence de madame de Rouville. Le jour choisi fut le 8 juillet; et, pendant la promenade que sa mère faisait ordinairement aux Thuileries, Adelaïde, pour la première fois, monta seule dans l'attelier de Jules pour y voir le portrait au jour favorable sous lequel il avait été achevé. Elle resta muette et immobile, et quand le peintre inquiet se pencha pour voir la jeune fille, elle lui tendit la main..., sans pouvoir dire un mot. Deux larmes étaient tombées des yeux d'Adelaïde. Jules prit la main, la couvrit de baisers, et pendant un moment, ils se regardèrent en silence, voulant tous deux savouer leur amour, et ne l'osant pas... Le peintre garda la main d'Adelaïde dans les siennes; mais lorsqu'ils [illegible] une même chaleur, un même mouvement leur [illegible] que leurs cœurs battaient aussi fort, elle retira doucement sa main, et dit en jetant à Jules un regard d'une délicieuse naïveté :

— Vous allez rendre ma mère bien heureuse...

— Votre mère seulement ! demanda-t-il.

— Oh !... Moi, je le suis...

[illegible] ils descendirent le portrait, et le mirent à sa place.

Jules dîna pour la première fois avec la baronne et sa fille. Il fut fêté, complimenté par madame de Rouville avec une bonhomie rare. Dans son attendrissement et tout en pleurs, la vieille dame voulut l'embrasser.

Le soir, le vieil émigré, ancien [illegible] du baron de Rouville, avec lequel il avait vécu fraternellement, et récemment nommé contre-amiral,

rait peut-être que les navigations terrestres à travers l'Allemagne et la Russie lui fussent comptées comme des campagnes navales, serra cordialement la main du peintre à l'aspect du portrait.

— Ma foi ! dit-il, quoique ma vieille carcasse ne vaille pas la peine d'être conservée, si Adélaïde veut mon portrait, je paierais bien ma face, faite comme l'est celle de mon vieux Rouville, cinq cents pistoles.

A cette proposition, madame de Rouville regarda son vieil ami, et sourit en laissant éclater sur son visage les marques d'une reconnaissance profonde. Jules crut deviner que le vieil amiral voulait payer deux portraits en payant le sien; et sa fierté d'artiste, tout autant que sa jalousie, s'offensant de cette pensée, il répondit :

— Monsieur, [redacted]

L'amiral se mordit les lèvres, et se mit à jouer. Jules resta près d'Adélaïde qui lui proposa de faire une partie, ce qu'il accepta.

Le peintre observa chez madame de Rouville une ardeur [redacted] jeu qui le surprit. [redacted] elle gagna. Pendant cette soirée, [redacted] pensées tristes [redacted] Jules, et lui donnèrent de la défiance. Madame de Rouville vivait-elle du jeu?... Ne jouait-elle pas en ce moment pour quelque dette, [redacted] poussée par quelque nécessité? — Peut-être n'avait-elle pas payé son loyer?... [redacted] tromper... Ce vieillard paraissait être assez fin pour ne pas se laisser impunément gagner son argent!... Quel pouvait être l'intérêt qui l'attirait dans cette maison, lui riche... Pourquoi jadis était-il si familier près d'Adélaïde, et pourquoi soudain avait-il renoncé à sa familiarité?...

Toutes ces questions lui vinrent involontairement, et le poussèrent à examiner le vieillard et la baronne. Il fut mécontent de leurs airs d'intelligence et des égards obliques qu'ils jetaient sur Adélaïde et sur lui.

— Me tromperait-on?... fut une dernière pensée horrible.

[redacted] resté le dernier [redacted] perdu cent sous, [redacted] il avait tiré sa bourse pour payer Adélaïde, [redacted], en ce moment, emporté par [redacted] réflexions p[redacted]antes, il [redacted] sa bourse sur la table, tombe dans une rêverie qui dura peu, mais qui le rendit honteux de son silence; alors, ne pensant plus à sa bourse, il se leva, [redacted] répondant à une banale interrogation [redacted] madame de Rouville, [redacted] vint près d'elle pour l'examiner avec attention tout en causant. Il sortit en proie à mille incertitudes; mais à peine avait-il descendu quelques marches, il se souvint d'avoir oublié sa bourse sur la table, et [redacted] rentra.

— Je vous ai laissé ma bourse... dit-il à Adélaïde.

— [redacted]... répondit-elle en rougissant.

— Là !...

Il montrait la table de jeu, et tout honteux pour la jeune fille et pour la baronne de ne pas l'y voir, il les regarda d'un air hébété qui les fit rire. Alors, il pâlit, et reprit : — Mais, non, [redacted]

Il salua, et sortit.

Il y avait trois cents francs en or dans côté de cette bourse, et de l'autre quelque menue monnaie. — Le vol était si flagrant, si effrontément nié que Jules ne pouvait en conserver aucun doute sur ses voisines. Il s'arrêta dans l'escalier, le descendit avec peine ; ses jambes tremblaient ; il avait des vestiges, il suait, il grelottait [illegible], il se trouvait hors d'état de marcher et de soutenir l'atroce commotion que lui causait le renversement de toutes ses espérances.

Alors, dès ce moment, il retrouva dans sa mémoire une foule d'observations, légères en apparence, mais qui corroboraient l'affreux soupçon auquel il avait été en proie, et prouvaient la réalité du dernier fait qui lui ouvrait les yeux sur le caractère et la vie de ces deux femmes. Elles avaient attendu que le portrait fût fini, fût donné, pour voler cette bourse. depuis deux ou trois soirées, Adélaïde, en examinant avec une curiosité de jeune fille le travail particulier du réseau de soie usé, vérifiait l'argent qu'elle contenait sans doute elle avait épié pour le prendre, le moment où la somme serait assez forte pour être dérobée...

96

— Le vieil amiral ~~ne voulant pas~~ épouser Adélaïde, la baronne aura tâché de...

A cette supposition, il s'arrêta, n'acheva même pas sa pensée, car elle fut détruite par une ~~autre~~ réflexion juste.

— Si la baronne espère me marier avec sa fille, elles ne m'auraient pas volé...

Puis, il essaya, pour ne point renoncer à ses illusions, à son amour si fortement enraciné, de ~~trouver~~ quelque justification dans le basard.

— Ma bourse sera tombée à terre... elle sera restée sur mon fauteuil... Je l'ai peut-être, je suis si distrait...

Et il se fouilla par des mouvemens rapides, mais il ne retrouva pas la maudite bourse.

Sa mémoire cruelle lui retraçait par instans la fatale ~~vérité~~, il voyait sa bourse étalée sur le tapis, et alors, ne doutant plus du vol, il excusait Adélaïde en se disant que l'on ne devait pas juger si promptement les malheureux, et qu'il y avait sans doute un secret dans cette

27.

action en apparence si dégradante. Cette fière et noble figure ne devait pas être un mensonge... Cependant cet appartement si misérable lui apparut dénué des poésies de l'amour, qui embellit tout, et alors il le vit sale, flétri. C'était la représentation d'une vie intérieure sans noblesse, insouciante, inoccupée; car nos sentimens sont écrits, pour ainsi dire, sur les les choses qui nous entourent.

Le lendemain matin, il se leva sans avoir dormi. La douleur, cette grave maladie morale, avait fait d'énormes progrès. Perdre un bonheur rêvé, renoncer à tout un avenir, est une souffrance plus aiguë que celle causée par la ruine d'une félicité ressentie, quelque complète qu'elle ait été. Les méditations dans lesquelles notre âme tombe sont comme une mer sans rivage, au sein de laquelle nous pouvons nager pendant un moment, mais où il faut que notre sentiment se noie et périsse; et les sentimens sont la partie la plus brillante, non seulement de notre vie, mais de nous-mêmes. De là viennent, chez certaines organisations délicates ou fortes, les grands ravages produits par les désenchantemens, par les espérances et les passions trompées. Il en fut ainsi de Jules. Il sortit de grand matin, et alla se promener

, et le considéra
comme
en lui
alors, l
amour
+ cette mort partielle;

sous les frais ombrages des Tuileries, oubliant tout dans le monde, et absorbé par ses idées. Là, par un hasard qui n'avait rien d'extraordinaire, il rencontra l'un de ses amis les plus intimes, un ~~camarade~~ de collége et d'atelier, avec lequel il avait vécu mieux qu'on ne vit avec un frère.

— Eh! Jules, qu'as-tu?... lui dit Daniel Vallier, jeune sculpteur qui avait récemment remporté le grand prix, et devait partir pour l'Italie.

— Je suis très malheureux... répondit Jules gravement.

— Il n'y a qu'un affaire de cœur qui puisse te chagriner ~~tu entends~~.

~~Là dessus~~, les confidences commencèrent, et le peintre avoua son amour au sculpteur. Au moment où Jules parla de la rue de Suresne et du quatrième étage...

— Halte là!... s'écria gaiement Daniel. C'est une petite fille que je viens voir tous les matins à l'Assomption, et à laquelle je fais la cour. Mais, mon cher, nous la connaissons tous...

Sa mère est une baronne!... Est-ce que tu crois aux baronnes logées au quatrième?.. Ah bien! tu es un homme de l'âge d'or!... Nous voyons ici, dans cette allée, la vieille mère tous les jours; mais elle a une figure, une tournure, qui disent ce qu'elle est...

Les deux amis se promenèrent long-temps, et plusieurs jeunes gens qui connaissaient Daniel ou Jules se joignirent à eux. L'aventure du peintre, jugée comme ayant peu d'importance, fut racontée par Daniel.

— Et lui aussi!... disait-il, a vu cette petite...

Et là-dessus c'étaient des observations, des rires, des moqueries, le tout fait innocemment et avec la [illegible] des artistes. Jules souffrait horriblement; et une certaine pudeur d'âme le mettait mal à l'aise en voyant le secret de son cœur traité si légèrement, sa passion déchirée en lambeaux, une jeune fillle inconnue et dont la vie était si modeste, soumise à des jugemens vrais ou faux, portés avec insouciance. Alors, par esprit de contradiction, il demanda sérieusement à chacun les preuves de ces assertions, et ce furent de nouvelles plaisanteries.

— Mais, mon cher ami, as-tu vu le sac de la baronne?... disait l'un. | Schall

— As-tu suivi la petite, quand elle trotte le matin à l'Assomption?... disait un autre.

— Ah! la mère a, entre autres vertus, une robe grise que je regarde comme un type. | Des robes de matrone... reprit un graveur.

— Écoute, Jules... viens ici vers quatre heures, et analyse un peu la marche de la mère et de la fille... et après... si tu as des doutes, l'on ne fera jamais rien de toi... tu seras capable d'épouser la fille de ta portière. | ... hé bien,

Jules quitta ses amis en proie aux sentimens les plus contraires. Adelaïde et sa mère lui paraissaient au-dessus de ces accusations, et il [illegible] au fond de son cœur, le remords d'avoir soupçonné la pureté de cette jeune fille, si belle et si simple. Il vint à son atelier, passa devant la porte de l'appartement où était Adelaïde, et [illegible] en lui-même une douleur de cœur à laquelle nul homme ne se trompe. Il aimait mademoiselle de Rouville malgré le vol de la bourse, et il [illegible] l'ador[illegible] cheva-

| éprouvait

| passionnément, et

| Haïs mère. Son amour était l'amour du

lier Desgrieux jusques sur la charrette qui mène les femmes perdues en prison.

— Pourquoi mon amour ne la rendrait-il pas la plus pure de toutes les femmes !...

Cette mission lui plut ; car l'amour fait son profit de tout, et rien ne séduit plus que de jouer le rôle d'un bon génie, auprès d'une femme. Il y a je ne sais quoi de romanesque dans cette entreprise, qui va merveilleusement aux âmes exaltées ; c'est le dévouement sous la forme la plus élevée, la plus gracieuse.

Aussi Jules s'assit dans son atelier, contempla son tableau sans y rien faire, n'en voyant les figures qu'à travers les larmes qui lui roulaient dans les yeux, tenant toujours sa brosse à la main, s'avançant vers la toile, comme pour adoucir une teinte, mais n'y touchant pas. La nuit le surprit dans cette attitude ; et réveillé de sa rêverie par la faim, il descendit, rencontra le vieil amiral dans les escaliers, lui jeta un regard sombre en le saluant, et s'enfuit. Il avait eu l'intention d'entrer chez ses voisines, mais l'aspect du protecteur d'Adélaïde, lui glaça le cœur, et fit évanouir sa

III. II.

résolution. Il se demanda pour la centième fois quel intérêt pouvait amener ce vieil homme à bonnes fortunes, riche de cinquante mille livres de rente, dans ce quatrième étage, où il perdait de dix à vingt francs tous les soirs.

Le lendemain et les jours suivans, Jules se jeta dans le travail pour tâcher de combattre sa passion par l'entraînement des idées, et par la fougue de la conception. Il réussit à demi, l'étude le consolait, sans parvenir cependant à étouffer les souvenirs de tant d'heures douces passées près d'Adélaïde. Un soir, en quittant son atelier, il trouva la porte de l'appartement des deux dames entre ouverte, et là, une personne debout, dans l'embrâsure de la fenêtre de la première pièce; la disposition de cette fenêtre et de l'escalier ne permettait pas à Jules de passer sans voir Adelaïde. Il la salua froidement en lui jetant un regard plein d'indifférence; mais, jugeant des souffrances de cette jeune fille par les siennes, il eut un tressaillement intérieur, en songeant à toute l'amertume que ce regard et cette froideur devaient mettre dans un cœur aimant. Couronner les plus douces fêtes qui eussent jamais réjoui deux âmes pures, par un dédain de huit jours, et par le mépris le plus pro-

Peut-être la bourse était-elle retrouvée, et peut-être chaque soir, Adélaïde avait-elle attendu son ami !...

Cette pensée, si simple, si naturelle, fit éprouver de nouveaux remords à Jules, et il se demanda si les preuves de délicatesse et d'attachement que la jeune fille lui avait donnés, si les ravissantes causeries empreintes d'amour qui l'avaient charmé, ne méritaient pas au moins une enquête.

Alors, honteux d'avoir résisté pendant une semaine aux vœux de son cœur; se trouvant presque criminel, il vint le soir même chez madame de Rouville. Tous ses soupçons, toutes ses pensées mauvaises s'évanouirent à l'aspect de la jeune fille, pâle et maigrie.

— Eh bon Dieu! qu'avez-vous lui dit-il, après avoir salué la baronne.

Adélaïde ne lui répondit rien, mais elle lui jeta un regard plein de mélancolie, triste, découragé qui lui fit mal.

— Vous avez sans doute beaucoup travaillé,

dit la vieille dame; vous êtes changé; nous sommes la cause de votre réclusion... Ce portrait vous aura retardé. / quelques talents plus importants pour votre réputation

Jules fut heureux de trouver une si bonne excuse à son impolitesse.

— Oui, dit-il, j'ai été fort occupé, mais aussi, j'ai souffert...

A ces mots, Adélaïde leva la tête, regarda Jules, et ses yeux inquiets ne lui reprochèrent plus rien.

— Vous nous avez donc supposés bien indifférens à ce qui peut vous arriver d'heureux ou de malheureux, dit la vieille dame.

— J'ai eu tort, reprit Jules; mais cependant il y a de ces peines que l'on ne saurait confier, même à une amitié moins jeune que ne l'est la nôtre...

— La sincérité, la force d'amitié, ne doit pas se mesurer sur le temps. — Il y a de vieux amis qui ne se donneraient pas une larme dans le malheur... dit la vieille dame en [illegible] la tête

— Mais qu'avez-vous donc?... demanda Jules à Adélaïde.

— Oh! rien, dit-elle.

— Elle a passé quelques nuits pour achever un ouvrage de femme, et n'a pas voulu m'écouter, lorsque je lui disais qu'un jour de plus ou de moins importait peu...

Jules n'écoutait pas. En voyant ces deux figures, si nobles, si calmes, il rougissait de ses soupçons et attribuait la perte de sa bourse à quelque hazard inconnu. Cette soirée fut délicieuse pour lui; peut-être aussi pour Adélaïde. Il y a de ces secrets que les âmes jeunes et pures entendent si bien! La jeune fille devinait les pensées de Jules, et sans vouloir avouer ses torts, il les reconnaissait, revenait à elle, plus aimant, plus affectueux, essayant ainsi d'acheter un pardon tacite. Adélaïde savourait des joies si parfaites, si douces, qu'elles ne lui semblaient pas trop chèrement payées par les petits malheurs de ces huit jours, pendant lesquels son amour avait été froissé. Cet accord si vrai de leurs cœurs, cette entente pleine de magie, fut troublé par un mot de la baronne de Rouville.

— Faisons-nous notre petite partie!... dit-elle à Jules.

Cette phrase réveilla toutes les craintes du jeune peintre, et alors, il rougit en regardant la mère d'Adélaïde; mais il ne vit sur ce visage que l'expression d'une bonhomie sans fausseté; nulle arrière-pensée, la finesse n'en était point perfide, la malice semblait douce, et nul remords n'en altérait le calme.

Jules se mit à la table de jeu, et Adélaïde

voulu, partager le sort de ceux du peintre, elle prirent [illegible] qu'il ne [illegible]
connaissait pas le piquet, [illegible] et en ain besoin d'un partenaire.
Madame de Rouville et sa fille se firent, pendant la partie, des
signes d'intelligence qui inquiétèrent [illegible] d'autant plus Jules qu'il
gagnait ; mais, à la fin, un dernier coup rendit les deux amans
débiteurs de la baronne ; en Jules le peintre [illegible]
voulut chercher de la monnaie dans son gousset [illegible]
sous en retirant ses mains de dessus la table il vit devant
lui une bourse qu'Adélaïde y avait glissée sans qu'il s'en
aperçut ; et la jeune fille tenait l'ancienne dans laquelle elle
s'occupait de prendre [illegible] l'argent pour payer [illegible]
[illegible] sa mère. [illegible] — par contenance
Jules sentit une sueur froide à son front et son sang
affluer si vivement à son cœur qu'il faillit perdre
connaissance. [illegible] la bourse substituée à la sienne contenait
son argent. [illegible] elle avait
brodé en perles d'or [illegible] travail le plus
exquis, les coulants émaillés, les glands [illegible] riches et
de bien chétif [illegible] avaient un
prix inestimable [illegible] dû à [illegible] tout artistique et
attestaient le goût d'Adélaïde. C'était [illegible] un [illegible]
[illegible] de jeune fille un bagatelle [illegible]
haut prix [illegible], en retour d'une autre [illegible]
plus précieuse encore, mais due aussi à l'affection [illegible]
et il était impossible de dire avec plus de finesse que
le don du peintre [illegible] ne pouvait être récompensé
que par une [illegible] tendresse sincère...... Quand Jules
accablé de bonheur, tourna les yeux sur Adélaïde et la
Baronne, il les vit tremblantes toutes deux de plaisir,
heureuses de cette espèce de supercherie.... alors, il se
trouva petit, mesquin, niais, il aurait voulu pouvoir se
punir, se déchirer le cœur, mais quelques larmes lui vinrent
aux yeux ; et [illegible] se levant par un mouvement
irrésistible, il prit Adélaïde dans ses bras, la serra contre
son cœur, lui ravit un baiser, et, avec une bonne foi d'artiste — je vous la demande !.... s'écria-t-il en regardant
la Baronne. [illegible]
[illegible] Adélaïde jettait [illegible] sur
[illegible] le peintre des yeux à demi courroucés, et Madame de
Rouville, [illegible] un peu étonnée, allait répondre, quand
cette scène fut interrompue par le bruit de la sonnette.
C'était le vieux contre-amiral suivi de son ombre et de
Madame Schinner. La mère de Jules, ayant deviné

125

Des renseignements

la cause des chagrins que son fils
exagérés ainsi momentanément lui cachait, en apprenant
de quelques mots de ses amis, sur la jeune fille qu'il aimait,
alors les soupçons odieux et les calomnies dont
Adélaïde était l'objet, elle avait été
le confier au vieil émigré qui, dans sa
colère voulait aller, disait-il, couper les oreilles
à ces bélîtres... Et animé par son courroux, il
avait appris à madame Schinner, le secret des
pertes volontaires qu'il faisait au jeu, puisque la
fierté de la Baronne ne lui laissait que
cet ingénieux moyen de la
secourir. — J'ai pensé à épouser mademoiselle de Rouville,
pour avoir le droit de lui offrir ma fortune
jusqu'au moment où votre fils ...

— Lorsque madame Schinner eut salué madame
de Rouville, le contre-amiral, celle-ci regardant
Adélaïde, Jules et ses amis dit avec une grâce
exquise — il paraît que nous sommes en familles
— morbleu! oui!... répondit le
corsaire... — de Barabas; car, si vous ne voulez pas
me permettre de doter Adélaïde, qui, sans doute
vous plaira de même, monsieur de Schinner aura
la générosité d'accepter donc
ce que j'ai perdu, peut-être fera-t-il mon portrait
— oui... oui... dit le vieil enseigne ruiné, qui,
depuis 1789 était enseigne, sans avoir fait son
chemin ailleurs. — Adélaïde regardait Jules
et son consentement était écrit dans ses yeux,
merveilles de charmes

O chevalier

+ jamais.

épreuves corrigées et copie de
la feuille ~~de~~ onze du 3me
volume —
il y a deux pages de titres et
deux pages de matières du
commencement de la scène intitulée
le dessin d'un femme qui doivent
le compléter

www.ingramcontent.com/pod-product-compliance
Lightning Source LLC
Chambersburg PA
CBHW060711050426
42451CB00010B/1377
* 9 7 8 2 0 1 2 1 5 4 2 5 4 *